Découvrez l'histoire
par les archives
de presse

RETRONEWS

Le site de presse de la BnF

www.retronews.fr

PREMIÈRE ANNÉE   N° 1

PRIX : VINGT-CINQ CENTIMES

ENTRETIENS

POLITIQUES & LITTÉRAIRES

SOMMAIRE :

PARIS

LIBRAIRIE DE L'ART INDÉPENDANT

11, rue de la Chaussée d'Antin, 11

Le 1er Avril 1890

ENTRETIENS

POLITIQUES ET LITTÉRAIRES

Paraissant le 1ᵉʳ du mois.

Abonnements : six mois : 3 fr.; — un an : 5 francs

DIRECTION : 11 rue de la Chaussée d'Antin.

RÉDACTION : 11 rue Faraday

PARIS.

En souscription chez M. DUJARDIN, 11 rue Le Peletier

LES

DERNIERS VERS

DE

Jules LAFORGUE

Un volume de luxe : 25 francs.

DES SYMBOLES

... Quelle éloquence et quelle poésie sauront célébrer ces bienfaisants effets de *l'absconsion* : le *Silence* et le *Secret* ?

Des autels leur pourraient être dressés (si notre époque dressait encore des autels) pour un culte unanime ! Le silence est l'élément dans lequel les grandes choses se combinent pour pouvoir ensuite émerger parfaites et majestueuses au grand jour de la Vie que désormais elles devront régir. Non seulement Guillaume le Taciturne, mais tous les hommes de valeur que j'ai connus et parmi eux les moins diplomates et les moins stratégistes s'abstenaient de caqueter de ce qu'ils créaient ou projetaient. Je dis plus, toi-même au milieu de tes mesquines perplexités personnelles, retiens seulement ta langue pour un seul jour : au lendemain combien plus clairs t'apparaîtront tes buts et tes devoirs ! Quels débris et quel fatras ces muets ouvriers auront-ils déblayés en toi cependant que l'intrusion des bruits extérieurs était exclue. La parole est trop souvent, non, comme le définissait ce Français, l'art de cacher sa pensée, mais l'art plutôt d'étouffer et de suspendre toute pensée au point qu'il n'en reste plus à dissimuler. La parole aussi est belle, mais ne vaut pas son contraire ; selon l'inscription Suisse : *Sprechen ist silbern,*

Schweigen ist golden (la parole est d'argent, le silence est d'or) ou pour traduire mieux, à mon goût : *la parole est le Temps le silence l'Eternité.*

Les abeilles ne travaillent que dans l'ombre ; la pensée ne travaille que dans le silence ; la vertu ne travaille que dans le secret...

. . . .

Frère de ces incalculables influences de l'absconsion, et apparenté à des choses plus hautes encore, apparait le merveilleux appareil *des Symboles.*

Dans un Symbole il y a à la fois absconsion et révélation ; ici donc, par les effets simultanés du silence et de la parole, surgit une double signification ; et si, à la fois, la parole est haute et le silence digne et noble, de quelle force d'expression ne sera pas leur union ! Ainsi, en mainte devise peinte ou simplement en quelque emblême sigillaire, la plus universelle Vérité se dresse devant nous éclatante d'une toute nouvelle emphase.

Car c'est ici que l'imagination, avec son mystérieux pays de merveilles, pénètre l'exigu et prosaïque domaine des sens et s'y incorpore. Dans le Symbole propre il y a toujours, plus ou moins directement et distinctement, quelque incarnation, quelque révélation de l'Infini ; car l'Infini est tel qu'il se fond avec le fini, qu'il se dresse *visible* et pour ainsi dire *saisissable* en lui.

Par les Symboles donc, l'homme est guidé et régi, rendu heureux ou misérable ; de tous côtés il se trouve enclos de Symboles, qu'il les reconnaisse ou ne les reconnaisse pas pour tels : l'Univers n'est qu'un vaste Symbole de la divinité ; qu'est l'homme lui-même si ce n'est un Symbole de Dieu ? Tout ce qu'il fait n'est-ce pas symbolique ? une révélation perpétuelle aux sens de la force mystérieuse et dieudonnée qui est en lui ! un évangile de liberté que lui, le Messie de la nature, annonce selon sa puissance par l'acte et par la parole ? Il n'élève pas une cabane qui ne soit l'incarnation visible d'une idée; il témoigne *visiblement de choses invisibles*, mais demeure, au sens transcendental, symbolique en tant que réel.

. . . .

Oui, mes amis, ce ne sont pas nos facultés de logique et de mensuration qui nous régissent : notre faculté imaginatrice est la Reine de notre être ; je pourrais dire la Prêtresse et la Prophétesse qui nous mène aux hauteurs célestes ou bien la Magicienne ou la Fée qui nous leurre aux abîmes infernaux. Quoi! même pour le plus abject des sensualistes que sont les sens si ce n'est l'instrument de l'imagination, la coupe où elle boit ?

Toujours, fut-ce dans la plus terne des existences, il y a une lueur d'inspiration ou de folie, rayon entré de l'Eternité ambiante et qui vient irradier de ses propres couleurs notre petit ilôt de Temps! L'intelligence est bien ta croisée — trop limpide tu ne la saurais rendre —; mais l'imagination est ton œil avec sa rétine colorante, saine ou morbide...

. . . .

C'est dans et par les Symboles que l'homme conscient ou inconscient vit, travaille, existe; et ces époques demeurent les plus nobles qui surent le mieux reconnaitre la valeur des Symboles et qui les prisèrent le plus haut. Car un Symbole pour celui qui en a la vision, n'est-il pas toujours une révélation plus ou moins obscure ou claire du Divin?

. . . .

Quand un Symbole a une signification intrinsèque, est en *soi* digné que les hommes se rassemblent autour de lui ; que le divin se manifeste aux sens ; que l'Eternité rayonne avec plus ou moins d'intensité sous l'image du Temps; oh ! alors, il est bon que les hommes se rassemblent là et qu'ils adorent, unanimes, devant un tel Symbole, et ainsi de jour en jour et d'âge en âge qu'ils ajoutent à sa toujours nouvelle divinité.

De cette catégorie sont tous les vrais œuvres d'art : en elles (si tu sais discerner l'œuvre d'art d'un ouvrage artificiel) tu distingueras l'Eternité regardant au travers le Temps — le divin rendu visible !

Tu es bien petit, me disant « que le sceptre royal n'est qu'un morceau de bois doré » et que « le Pyx est devenu une boîte ridicule et sans *valeur marchande* » ! — Ah ! je te pourrais nommer, moi, un vrai Magicien si tu évoquais en ces objets de bois la vertu divine qu'ils eurent un jour.

De ceci, en tout cas, sois persuadé : si tu veux planter pour l'Eternité, fouis profondément dans l'abîme des facultés infinies de l'homme : dans son imagination et dans son cœur ; et si tu veux planter pour le jour et pour l'année, sème à fleur de ses facultés superficielles, de son égoïsme et de son intelligence arithmétique, ce qui, mon Dieu, y voudra pousser.

Un Hiérarche, oui, un Pontife du Monde sera celui-là, le Poète et l'Inspiré créateur qui, prométhéen, saura façon- -ner de nouveaux Symboles et prendra un nouveau feu au ciel pour nous le livrer à jamais.

THOMAS CARLYLE.

LE SOCIALISME EUROPÉEN

Le mieux informés des nouvellistes qui content sur la retraite de Monsieur de Bismarck, l'attribuent à de très précieux projets de l'empereur Guillaume II. Ils ne doutent pas d'affirmer que le jeune souverain allemand rêve d'établir une sorte d'entente européenne pour la solution exacte de problèmes sociaux ; même il eut devant des confidents, cité son espoir d'obtenir la suppression des armées permanentes, cet énorme appareil guerrier qui détruit l'économie politique du vieux monde et centuple, selon l'exigence des impôts, les difficultés vitales des prolétaires.

Encore que ne se puisse à jamais omettre dans les mémoires françaises la rancœur de la défaite et qu'il soit aisé de nous proposer la paix définitive avant que nous ayons reconquis l'intégrité de la patrie, ces intentions impériales pour la première fois manifestées effectivement par un potentat absolu sont de grandes et belles pensées. Esthétiquement et moralement il nous faut savoir à ce monarque actif une parfaite gratitude de se tirer en apparence des niaiseries diplomatiques pour affirmer le principe humanitaire de la paix universelle, prodrome de toute organisation socialiste internationale.

Mieux servi par l'expérience, le chancelier de l'empire a bien su connaître que le désarmement des nations demeurerait irréalisable avant que fussent assurées selon la configuration physique, les limites inamovibles des territoires ethniques ; et ils ne pouvaient croire que de simples conférences tenues dans l'apparat des palais, aux sons des musiques militaires, suffiraient à apaiser par des syllo-

gismes les tendances conquérantes des races fortes, les
espérances des vaincus et l'ambition des républiques nouvelles. Il refusa de seconder les dessins trop théoriques de
son maître, et dut rompre, de là ces crises de cours, ces
fureurs nobiliaires dont les télégrammes nous portent
dans les colonnes des gazettes, la plus succinte expression.

Néanmoins, peut être serait-il puéril de conserver in-
tacte, sans réfléchir plus avant, l'illusion de vélléités sociales de la jeune cour allemande. Le pays teuton souffre
infiniment plus que la France, ayant des ressources
moindres, les nécessités militaires. D'ailleurs la certitude
d'avoir triomphé il y a vingt ans d'une mauvaise organisation défensive, de troupes peu nombreuses et tôt démo-
ralisées par l'inhabitude de l'échec, n'entraîne pas l'assu-
rance de recommencer une pareille suite de victoires contre
la même nation qu'énerve une attente de revanche, admi-
rablement exercée au combat moderne et en parité numérique. Si les bataillons germaniques employèrent sept
mois de luttes sanglantes, acharnées, pour occuper Paris,
et soumettre, en partie seulement, l'ensemble des forces
très inférieures que présentait notre organisation d'alors,
quelle plus longue épreuve il leur faudrait maintenant
encourir, avec la seule hypothèse, que, subissant les
mêmes revers, nous opposerions toutefois une résistance
proportionnelle à nos armements nouveaux. L'histoire de
1870 démontre que cette épreuve aurait épuisé toutes les
ressources agressives de l'empire avant qu'il eût atteint
son but stratégique. Aucun autre motif n'empêcha Monsieur de Bismarck de risquer une seconde aventure franco-
allemande ; et nous pouvons rester convaincus que le
doute du succès interdit seul à nos voisins les tentatives
d'invasion. Que le chancelier ait, dès les premiers mois de
l'avènement, démontré au jeune césar, cette impuissance

de régir le destin des campagnes et lui ait ainsi refroidi sa fougue belliqueuse, cela ne se peut nier.

La disgrâce de Monsieur de Waldersée, chef du parti de la guerre, d'abord prépondérant, se déduit de cette vérité et la confirme.

Ajoutons encore la pénible situation du parti conservateur et national-libéral devant les majestueux progrès du socialisme germain réalisés par l'importance des grèves de Westphalie et le nombre des votes obtenus aux élections dernières ; et il conviendra de dire que les visées philanthropiques du monarque ressemblent fort à l'aumône jetée par le voyageur au mendiant espagnol des histoires qui quête, vers le détour des routes, l'escopette au poing.

Mais quelque déterminantes qn'en soient les causes, l'attitude de l'empereur Guillaume ne mérite pas moins les louanges. Assez avons-nous vu les plus étiquetés des républicains de notre oligarchie française bondir au seul nom de socialisme avec l'absurde argument de la Commune et des révoltes, avec l'évocation du drapeau rouge, des fusillades, du partage des biens, et autres balivernes chères aux jocrisses de notre bourgeoisie satisfaite qu'épouvante de connaître les besoins des misérables, dont ils usent.

Au reste il importait à ce jeune noble d'être avide de gloire et en recueillir quand même. Puisqu'il devait renoncer aux lauriers des conquérants, pas crainte de se soumettre aux hasards d'une expédition incertaine, il rêve d'apparaître aux peuples comme le protagoniste des réalisations sociales, le grand pacificateur entrevu dans toutes les estopies humanitaires et qui saurait justifier la force de ses armes et le pouvoir de son empire acquis par le sang, en intronisant le règne de la concorde et de l'économie utilitaire.

C'est signe des temps que l'abdication du sabre, ou du moins la possibilité de songer à cette abdication. Le régime de la Force qui, en somme, conduisit tous les actes de l'histoire depuis que l'on sait la vie des peuples, semble prêt de disparaître devant le régime du commerce, des échanges, de l'industrie. Le trafic qui lui était jadis subordonné, devient maintenant le maître et nous entrons dans l'ère de la production à outrance, affamés des fruits de la terre, de ses os, de ses plantes, ds ses fluides; résolus à nous unir, piétinant les haies et les antithèses génériques, pour pomper tout le suc de la planète, nous l'assimiler, pis que le jour où la race humaine périra sur l'astre desséché, stérilisé, par l'âpre succion des générations successives qu'aucune guerre ne viendra plus diminuer en nombre, ni restreindre en labeurs. L'homme, le vieil Adam chassé des Edens intellectuels, jeté dans sa forme de limon, va cesser de se détruire soi-même, apte à connaître la paix, cette hygiène de son corps robuste et à conquérir sur la matière passive le bonheur harmonique de ses efforts combinés, et la satisfaction de ses besoins rassasiés enfin.

S'il peut assez vite travailler l'écorce terrestre pour en extraire avant d'en avoir détruit l'essence génératique, l'élixir suprême qui abolira la faim et les misères corporelles, les âmes dénuées désormais d'appétits inutiles puisque la satiété aura supprimé le déisr des jouissances matérielles, se recueilleront dans les seules voluptés de l'imagination et de l'extase, et l'ère du trafic périmée, sera continuée par des temps autres où seule l'intelligence et la faculté de produire les plus belles extases seront les grands mobiles des actes du monde, la raison des suprématies et des déchéances. Le règne de Dieu rapprochera.

Bien qu'il n'entende probablement pas ainsi le but définitif de ses présents efforts, l'empereur d'Allemagne semble tout à fait séduit par l'ambition d'être l'intronisateur de l'ère des labeurs harmoniques. Il considère la France comme le grand obstacle à ses desseins, car l'al-

ière armée qu'elle ne cesse de faire paraître ses instincts
de revanche perpétuellement rappelés menacent d'une
exécution sommaire le projet pacificateur qui doit livrer
au panégyrique des histoires futures le nom de Guillaume II d'Allemagne. Les avances incessantes tentées
par les ministères de Berlin auprès de la cour de Russie
n'ont d'autre but que de nous isoler complètement, que de
compléter la triple alliance de certaines unités non moins
importantes, que de parvenir à créer enfin la Ligue de la
paix, qui avec un formidable appareil de guerre, et la
gueule des canons braqués nous prescrirait de licencier
nos troupes et de détruire notre matériel, au nom du repos de l'Europe!

Quelles figures les piteux mollusques qui nous gouver-
vernent, par la volonté d'un suffrage universel mal édu-
qué, quelles figures martiales ou sévères, conciliatrices ou
peureuses offriront-ils à cette inévitable et prochaine
ambassade?

Il faudrait mettre en ligne toutes les ressources des di-
plomaties habiles, multiplier par l'entente, des chefs
militaires d'admirables préparatifs de combat, faire comprendre au monde qu'une seule main ferme et inexorable
détient le frein de l'élan national prêt à s'ensevelir dans
les derniers désastres d'une race destinée à finir, ou prêt
à triompher comme un siècle auparavant par dessus l'or-
gueil des sociétés ennemies.

Nos malheureux généraux imbus d'un triste esprit
bureaucratique, minés par les jalousies de l'avancement
et les rivalités de promotions sauront-ils enfin confier gé-
néreusement aux plus entendus le soin de les conduire ou
persévèreront-ils à profiter pour leurs envies vaniteuses,
de telle autorité en morceaux confié à chacun d'eux par
un gouvernement de marchands qui redoutent le prestige
d'un défenseur unique?

Que sera l'amas de Spuller, de Jules Simon, de Constans et de Ribot devant un Guillaume II fort de sa logique, de ses armes, du consentement européen, de son énergie individuelle? A quel maréchal, célèbre par des victoires anciennes ou connu du peuple, la confiance de la masse militaire s'ira-t-elle recommander? Que répondre enfin aux ambassadeurs des puissances hostiles invoquant le rôle lumineux de l'ancienne France justicière, reprochant à ses maîtres actuels d'en être déchus, de se manifester incapables d'ordre intérieur, et par suite indignes de concourir à la grande réforme sociale?

Les marchands s'affoleront dans les temples grecs où ils chicanent; des parleurs videront des verres d'eau sucrée et les calamités des déroutes sonneront bien plus haut que leurs paroles creuses.

Le peuple seul pourra sauver la France, s'il songe un instant à sa gloire, en lui uniquement le salut repose.

Nos diplomates, nos généraux et nos politiciens, ont perdu la valeur, vertu des noblesses conquérantes, et la justice, vertu des bourgeoisies révolutionnaires. Lui seul, par le généreux réveil de son ardeur atavique peut ressusciter la foi au Drapeau; lui seul par la soif du Droit, que revendiquèrent pendant un siècle ses ancètres, peut vouloir de victoire de la patrie, qui sera celle de ses aspirations à la liberté sociale. se levant lui-même de ses champs, de ses forges, de ses fabriques, saisissant les armes de sa main chaude encore du maniement de l'outil, il pourra découvrir les ténébreuses mabitions cachées au sein du césar allemand, lui dire qu'étant le peuple qui sut avant tous s'affranchir des caprices autoritaires et montrer aux hommes de l'avenir la rédemption du travailleur. seul et le premier il entend avoir le soin de fonder la république du travail européen, et constituer l'harmonie des efforts d'Adam peinant à reconquérir l'Eden perdu. C'est sa mission de race, c'est son caractère d'élection.

Auparavant, *il* importera qu'il écrase les fantoches

sans nom qui l'abusent, spéculent sur sa misère pour obtenir de son indifférence les suffrages utiles à leurs spéculations.

Puis, se dressant formidable et maître à l'encontre de l'ennemi, il sera l'entité respectable de la douleur humaine portant au front soucieux l'honneur de racheter le Péché d'Adam et de suffire à la tâche divine imposée.

Peut-être l'esprit de mal, qui fleurit dans le césarisme depuis déjà si longs siècles que les derniers monarques ne savent plus qu'il les possède et le croient leur vertu même, peut-être l'esprit du mal l'individualisme égoïste des autocraties, sera-t-il une nouvelle fois vainqueur de la synthèse adamique, du peuple.

La dispersion, l'absorption du tout en la partie qu'il représente perpétueraient encore l'anarchie moderne des apparences politiques. Mais la protestation du peuple de France aurait un retentissement tel que l'empire ainsi fondé ne subsisterait plus virtuellement. Les prolétaires soumis un instant par le prestige d'une victoire garderaient en soi le ferment de la liberté promulguée, et bientôt, la haine civique éclatant, l'inéluctable révolution, sociale détruirait les choses d'aujourd'hui.

Nous n'en aurons pas moins accompli la Mission sainte, notre gloire.

Avant tout, si nous devons triompher du guet-apens européen qui se prépare sous l'étendard socialiste volé à notre initiative, ou si nous devons disparaître de la liste des peuples, il importe que la victoire ne soit point au nom des agioteurs qui nous oppriment. Ils la déshonoreraient, il ne faut pas que la défaite leur soit imputable : l'histoire jugerait un jour qu'il était bon que la France fut effacée puisqu'elle était asservie à des ruffians imbéciles et à des marchands sans loyauté.

PAUL ADAM.

PROPOS DE CARÊME

Je regrette les siècles où le pouvoir séculier assurait la discipline religieuse, où les infractions aux mandements épiscopaux étaient châtiées par l'autorité civile. Les pratiques quadragésimales étaient alors observées; les mécréants qui violaient les édits relatifs au carême encouraient les verges; les délinquants convaincus d'une acquisition de viande étaient promenés dans la ville, le corps du délit pendu au col. Si les quidams athées qui sympathisent fraternellement avec le porc, le saint vendredi, étaient attachés au carcan, adornés d'une fressure sur le goître, leur grimace m'enivrerait le cœur. Mais les bougres godaillent impunément et blasphèment dans leurs vomissures. Il n'est plus de Grand Chatelet pour exposer les sordides goinfres de la Libre Pensée. Et, quant aux fidèles, encouragés par la déconcertante autorisation papale, ils imitent Erasme dont l'ame était catholique mais l'estomac luthérien.

Mais la youtraille a exterminé le catholicisme; la théocratie succombe sous la ploutocratie; votre dernière bataille, Monsieur Drumont, bataille à la Pyrrhus, même à la Crésus, est notre dernière défaite, — la décisive. Vous saviez bien que, (malgré la nouvelle édition du Tout-Paris

qui constitue la table des noms, de votre volume), le silence planerait sur ce pamphlet comme sur un simple re-
cueil de poèmes. Ainsi que tous les journaux étaient vendus
à la Société de Panama, tous les journaux sont vendus à
MM. de Rotschild. Et l'alarme que la *France Juive* pro-
pagea, la *Dernière Bataille* l'éteignit. Les croisades se
lèvent dans les directions de journaux et se baillonnent
dans les sociétés financières ; on jette bas les boucliers devant le louis, dernier hostie, et la sainte union se célèbre
à la Bourse, dernier temple révéré.

Et, quand les suçoirs et les ventouses auront pompé
tout le sang et toute la richesse de la France, quand la
vieille foi chrétienne aura chu sous les soufflets des his-
trions, les plus authentiques marquis et les meilleurs de
nous mendieront quelque misérable moyen de vie chez
les hauts barons de l'agio et les nababs levantins qui pour-
rissent l'âme de Paris.

Les bouges des ghettos étant écroulés, et limées les
chaînes des judengasses, nous alimentons le bouc de la
tribu ; comme notre impuissance est éblouissante à le re-
traiter jusqu'aux bords du lac de Génésareth, comme il
est à l'infini multiplié, auré et déifié, les chrétiens ont pensé
qu'une chasse était urgente ; aussi, des gentilshommes
français parurent s'unir pour abattre, dans des rencontrer
à toutes armes, les potentats du sémitisme. Mais cette
chevalerie se fana, et fut bornée à de vains échanges de
balles entre journalistes.

Juifs moldo-valaques, rastaquouères aux cheveux bleus,
achéens des tripots, saraphes de l'Asie Mineure, épaves
des races et des nations, Paris est à vous ; à nous nos
croyances pour crachoirs, nos femmes pour serves, nos
dieux pour bouffons. Puisez jusqu'à l'épaule dans les cof-
fres de nos économies, arborez les diamants de la cou-

ronne à vos plastrons de chemises ; et, lâchés dans nos parlements, protégez le commerce des babouches que vous débitiez à la paire aux portes des mosquées.

Bientôt, nous verrons nos prêtres crossés hors les églises et remplacés par des financiers qui installeront des maisons de coulisses dans les nefs sacrées. Les chapelles seront occupées par des agences de pari mutuel. Les chaperons des fillasses paraderont où se penchaient les cornettes des sœurs sublimes. Le peuple fétide des jockeys et des cabotins souillera le sanctuaire, et dira les répons à l'office du Saint-Agio.

C'est alors que le jeûne pénitentiel sera oublié et que les citadins se rueront aux banquets gras comme les ignobles maçons du jour. Aussi, puis-je légitimement regretter l'époque où les Polonais, dans la première fervenr de leur conversion au christianisme, arrachaient toutes les dents aux violateurs des prescriptions du carême.

GEORGES VANOR.

UN LIVRE NOUVEAU

Le curieux livre de M. Toussaint des Mornes sollicite
l'attention bienveillante de tout amant des belles lettres :
en l'ouvrant, nous nous trouvons, en effet, en face d'une
des plus curieuses tentatives littéraires de cette époque
féconde pourtant en surprises. Pour nous, nous l'avouons
sans réticences, dès les premières lignes, l'auteur nous
avait séduit par la franchise mâle de son allure, par une
personnalité sans vaniteuse arrogance, et par la logique
claire et naïve de ses déductions.

Le livre s'ouvre — après une dédicace filiale et respectable : « A ma mère » — par une préface où volontiers
nous nous attarderions un instant.

« Sans reconnaître de suprématies littéraires je m'in-
cline, dit M. Toussaint des Mornes, devant les Maîtres
et me déclare, hautement et respectueusement Parnassien
de cœur et de fait. »

Cette proclamation est crâne à l'heure où M. de Mau-
passant, lui-même, salue le soleil levant du Symbolisme ;
mais il y a mieux que du courage dans cette déclaration
de principes qui n'est que l'énoncé des conséquences
logiques d'une esthétique raisonnée :

« Certes, continue M. des Mornes, le Parnasse n'a pas
pleinement répondu à son programme, l'école a dévié in-
sensiblement du but primitif qui légitima sa naissance ;

mais je n'ai jamais confondu l'Idée et les hommes, et pour défaillants que soient aujourd'hui ces lutteurs vaillants de la première heure, leur idéal poétique n'en fut pas moins beau et n'en reste pas moins le *Labarum* esthétique des générations montantes. »

« Oui, dit plus loin le poète, il n'est que la forme qui puisse régénérer la poésie dont elle est l'essence, car les idées, M. Zola le déclarait encore récemment après l'avoir prouvé dans vingt volumes retentissants, sont toujours vieilles comme l'esprit humain ; la forme seule, toujours mobile, tend nécessairement vers l'absolu d'une adéquation à l'idée même ».

On ne saurait vraiment mieux dire et, dans ces quelques lignes, M. des Mornes résume en excellents termes les tendances rénovatrices de ces temps. Les symbolistes eux-mêmes y pourraient-ils trouver à redire ?

Mais, s'écartant brusquement aussi bien des idées admises que de celles que l'on conteste, le préfacier poursuit en logicien que rien n'arrête :

« A certaines époques de l'évolution des peuples, à telles dates glorieuses à jamais dans l'histoire de l'esprit humain, la forme sembla toucher à cet idéal marmoréen d'une perfection égale à la beauté fulgurante de l'idée ; — jamais, pourtant, par quelque fatalité, elle n'aboutit en son œuvre de progrès : des décadences survinrent ; le verbe humain retombe au bégaiement des instincts et des appétits ; pour remonter encore et retomber, aussi bas. Et, si des marbres millénaires règnent en l'impérissable et absolue gloire d'une forme accomplie, quel penseur osera affirmer qu'Eshyle ou Virgile ou Racine ou François Coppée aient parfait fut-ce *une* œuvre radieuse à jamais de jeunesse immuable ? Pourquoi ? parce que le verbe change, le sentiment de ce que furent ses beautés éphémères s'oblitère de génération en génération, et cette forme enfin se momifie, curieux hiéroglyphe pour les philologues, mais cadavre méconnaissable pour cette postérité qui vagit à nouveau les sons déformés de ce qui fut la Parole, matrices pour l'avenir de nouvelles beautés d'une heure. »

Sans nous attarder à cette implacable et désolante constatation, écoutons quel original et captieux espoir M. Des Mornes apporte, en cette fin de siècle, au croyant de l'art du verbe :

« Aux grands maux les grands remèdes : *il faut immobiliser la langue*. Certes, les tentatives vers cet idéal d'une langue fixe ont eu lieu et ont échoué : le latin après cinq siècles d'agonie a dû mourir vaincu ; le français du grand siècle, vainement défendu dans les bastilles de l'Université, se vicie et se déforme malgré tout ; toute réaction semble vaine. Eh bien non ; il est dans notre puissance d'atteindre par cette fixation de la langue des vers à la forme parfaite qui finalement devra draper la pensée en une robe de jeunesse, pour l'éternité.

L'Avenir s'ouvre magnifique en l'aube du siècle qui vient : déjà cinq millions d'hommes de tous pays et de toutes races pratiquent la langue des chefs-d'œuvre, enfin possibles au labeur studieux des forgerons de vers. »

M. Des Mornes fait ici l'apologie du volapük « sottement raillé » et précise les avantages techniques que cette langue offre au poète :

« Mon maître, Théodore de Banville, a basé la Poétique sur la numération des *syllabes* ou *pieds* ; cette base est naturelle, elle est à mon sens la seule logique ; mais n'est ce pas par là même qu'il a prêté le flanc aux attaques des symbolistes ? ceux-ci ne peuvent-ils pas observer avec infiniment de raison que dans la langue française (comme d'ailleurs dans toutes les langues littéraires connues) *il est rare que deux syllabes soient vraiment de même valeur, et que, par conséquent, un vers de huit pieds et un vers de dix pieds pouvaient, non seulement avoir la même valeur numérique, mais que le vers de huit pieds pouvait être plus long que celui de dix?*

« L'objection paraît péremptoire, elle l'est effectivement pour ce qui est de la langue française et réclame pour cette langue bâtarde une poétique de tons et de demi-tons que les symbolistes pourront s'ingénier à trouver, si cela les amuse; mais le principe poétique de Théodore de Banville n'en reste pas moins absolu et, si la langue française ne sait se conformer à cette poétique rationnelle, une langue rationnelle — où *toutes les syllabes s'équivaudront* — s'y conformera.

« La démonstration par le fait, impossible il y a quelques années entre aujourd'hui dans le domaine des réalités : le Volapük est né : toutes les syllabes y sont, par hypothèse, numériquement égales ; le vers parnassien est enfin possible dans toute sa rigide et chaste magnificence. »

Suivent des considérations intéressantes sur « l'avenir du Parnasse » que l'exiguïté seule de l'espace dont nous disposons nous force à négliger ici ; nous sommes toutefois persuadés que nos lecteurs voudront lire tout au long dans le livre même cette préface, une des plus hardies qu'il nous ait été donné d'étudier.

*
* *

L'œuvre s'ouvre, radieuse, par une évocation du soleil d'été que nous prendrons la liberté de citer dans son intégrité :

SOLADEL

Stals vamik sola de plum
Vietoms vatįs de flum
E faloms flamik as tum
Sagits Lofapula !

On âhlôdom-ôv das fel
Binom logad : lino, Spel
Ekômom svidik os smel
Flolas ets lulula.

Apozendelo, Bied,
Te·mens dolik é to ned,
Svidom oki : ba poed
Obinom fam ola.

Stalol-ôd egelo, Sol !
Lifol-ôd, tıkal, sus dol,
E spunôl rimis ko mol
In gad molik vola !

Suivent, dans une atmosphère à la fois intime et mythique, la pure et noble théorie des plus hautes aspirations de l'humanité : M. Lecomte de Lisle lui même ne regretterait pas, croyons nous, d'avoir signé de pareilles strophes :

Alina das nëilo, Mun,
Desipol oba tikâli,
Oblekôle kaladàli,
Bludom del ofa nedan vun.

Rien ne saurait, à vrai dire, se détacher de cette œuvre sans en rompre la prestigieuse harmonie — nous ne résistons pas toutefois à pénétrer dans cet intérieur patriarcal où M. Coppée reconnaîtra certes, une âme sœur des humbles :

Polü nàta del fatela
Cils ekômoms lôbo zi bed ;
Pukel omsik edlemom, yeḑ
Epukôms vips nâtadela.

« Binols-od gudik, cils gàla, »
Sagom bâledan, " dat, füdo,
Got omes cils givom-la, do
Man etos no melidom-la !

Bal kid gôlodom alimi
Ko givs jônik demü promets ;
O cils, eko galods pos sets :
Pledols-ob ; epükols plimi.

Telle est l'œuvre délicate et forte que M. Toussaint des Mornes livrera demain à la ferveur du public et aux louanges de la critique officielle.

Nous n'ajouterons qu'un mot : dans ce compte-rendu du livre d'un irréconciliable et redoutable concurrent nous aurons fait preuve, une fois de plus, de l'impartialité qui nous caractérise et nous voulons que M. des Mornes constate, se retournant, s'il est temps encore, au premier échelon de la gloire, que, *pour scander encore, suivant son genie propre et dans toute la sincérité de notre bonne foi, cette langue française,* où son beau talent assoiffé d'absolu s'est trouvé à l'étroit, nous n'en faisons pas moins des vœux pour son avenir et celui du nouveau Parnasse qu'il inaugure ; car, répéterons-nous avec lui :

Flukatim kanitom in fot ;
Vôg nata tugonom as vin ;
Eko zulul dolik ko vot
Bledas — zusüdom yelafin !

Viens voboms ya lunu doms ;
Del palunom as litapol ;
Ya rabs paboms e pâbs tevoms.
Lulul nulik, kiop fügol ?
Oui, certes :
.! ! Rabs poboms e pâbs tevoms !

Francis Vielé-Griffin.

NOTES ET NOTULES

Au pavillon de la Ville de Paris (Champs-Elysées) l'exposition des Néo-Impressionnistes. A voir : la chorégraphie de M. Seurat ; le lumineux portrait de M. Van Rysselberghe, très remarqué ; l'éléphantiasis de M Lemmen ; la forêt aurorale du paradoxalement jeune et exagérément talentueux M. Robert Picard ; les populaires bousculades de M. Maximilien Luce ; les vespéralités estivales de M. Gausson ; lesconcurrences déloyales faites au soleil par les couleurs deM. Signac. A admirer sur tout la locomotive sémitique de Willette qui broie la foi, l'honneur, l'art et. la vertu des fils de France.

*
* *

A propos de l'espiègle villégiature de M. Camille Saint-Saens, les meutes jappantes du reportage ont flairé toutes pistes des deux continents. Nous pensons que, celé dans le désert odéonesque ou dans des chevelures de javanaises, le compositeur gardé son droit au mystère et au repos, malgré la soif papotière d'un public ou la hâte ingénieuse d'héritiers.

*
* *

Avec le départ de la *Bète Humaine*, le tirage de l'œuvre de M. Zola dépasse le premier million. — Qu'on se le lise !

*

Le troisième mille de *l'Education Sentimentale* de Gustave Flaubert est presque épuisé.

*
* *

A la « Foire du monde » qui se tiendra à Chicago en 1892, il y aura une tour de 650 mètres au sommet de laquelle on aboutira en voiture.

*
* *

A propos de la représentation d'*Hérodiade*, à Dijon, un journal de la localité a publié un bel et violent article contre « le drame sacrilège et le rôle infame qu'y joue le précurseur de notre divin Sauveur. »

*
* *

Faits divers. — Un ouvrier bijoutier, nommé Brayaz âgé de trente-neuf ans, demeurant rue Sainte-Marthe, dans le quartier de l'hôpital Saint-Louis, marié et père de deux enfants, a été frappé par la monomanie sanguinaire de Jacques Lantier, le héros du roman *La Bête humaine*. A la suite de cette lecture, il conçut l'idée fixe de tuer ses enfants qu'il adore. Il s'est alors rendu, le mercredi 26 mars, avec sa femme, chez M. Cochery, commissaire de police, et, à sa plus grande joie, a obtenu d'être envoyé à l'infirmerie du dépôt.

*
* *

Voici la liste des candidats à la succession du fauteuil de M. Emile Augier et la date du dépôt des lettres :

MM.

Charles Nauroy. — 20 octobre 1889.

Ferdinand Brunetière. — 20 novembre.

Henry Houssaye. — 1ᵉʳ décembre.

Thureau-Dangin. — 2 décembre.

Emile Zola. — 2 décembre.

Henry Becque. — 3 décembre.

André Theuriet. — 7 décembre.

Ferdinand Fabre. — 10 décembre.

J. Viaud (Pierre Loti.) — 12 décembre.

A. Regnaud. — 24 décembre.
Eugène Manuel. — 6 janvier.
Jules Barbier. — 18 janvier.
Ernest Lavisse. — 24 mars.
La seule candidature qui nous eut complu est celle de M. Paul Bourget.

*
* *

Les dames américaines innovent cette mode : Aucun bracelet ne cerclera le poignet, qui ne soit adorné de quelques vers gravés. Du Shakespeare pour les adolescentes romanesques, de l'Homère pour les écrivaines, du Tennyson pour les rêveuses, du Baudelaire pour les jeunes filles fin de siècle. Si cette joaillerie poétique favorisait les Parisiennes, nous leur recommandons les versets des recueils annoncés dans cette publication. Ainsi inaugurera-t-on dans les salons un cours de symbolisme mondain.

*
* *

Encore que la mode des œufs de Pâques soit périmée notre libéralité favorisera quelques contemporains.
Nous offrirons donc :
À M. Emile Zola, des bouquets et des parfums;
A M. Paul Bourget, l'amitié de J. H. Rosny;
A M. Jules Massenet, un métronome;
A M. Paul Alexis, un exemplaire du *Dandysme* par par Georges Brummel;
A M. H. Gauthier-Villars, un bonnet d'ouvreuse;
A M. Coquelin, deux sous de violettes;
A M. Lucien Descaves, la médaille militaire;
A M. Pierre Decourcelle, une grammaire française;
Enfin à M. Ch. Morice, quelques bocks pour mériter son estime littéraire.

Nous aimons à reproduire pour ceux de nos lecteurs qui auraient pu ne pas le lire dans le dernier numéro de la *Revue Indépendante,* ce curieux et significatif article de M. Charles Morice.

« L'ART DU PLAISIR

J'imagine une féerie, un ballet, une pantomime — *as you like it* — où, parmi le décor d'une ville moderne, fastueuse, brillante, bruyante, folle, descendrait, comme un roi dans sa capitale, le Plaisir, — sa majesté le Plaisir, que chacun reconnaît et que tous acclament.

C'est une délicieuse ballerine, c'est une comédienne, c'est encore une écuyère, elle est aussi funambule, sans doute, avec de la clownesse et certes de la dompteuse d'hommes. Dans l'arène du cirque qui s'est formé au milieu d'une place publique, elle parvient en trois bonds, s'arrête court, et pirouettant sur un talon, envoie à tous un baiser. Et « sa beauté gracieuse, sa joliesse originale forment un nimbe corporel, une large auréole, resplendissement de son être victorieux, de ses merveilleux bras nus, de la symphonie éclatante de son cou, de ses épaules harmonieuses, de ses seins fermes et mignons de jeune fille, moitié dehors, dont les pointes, au hasard des attitudes renversées, apparaissent par instant comme deux becs de moineau au bord d'un nid de roses... Son masque exprime toutes les sensibilités, toutes les tendresses, et, avec une audace exquise, tous les emportements et toutes les extases du baiser... Elle va, puissante et langoureuse, avec un roulement lascif des hanches, presque nue, car elle ose le nu, du moins son illusion, le ventre offert ou le bas de ses reins cambrés... (1) »

Brune maintenant, blonde tout à l'heure, lubrique avec un ragoût de pudeur, des gestes à déchirer le peu de vête-

_____
(1) Champsaur : l'*Amant des danseuses,* passim.

ments qu'elle a, des mimes qui suggèrent sous ses pas des lits de désirs, un sourire qui refuse tout pour un clin d'œil qui promet et permet tout, elle est pleine d'une grâce horrible et fait baver de stupre la foule des spectateurs et d'aucunes spectatrices. C'est des soireux et des gommeux, c'est des cocottes et des cocodettes, c'est un tas de vieillards encore prétendants, c'est l'empire ordinaire du vice contemporain. C'est des épaules nues et poudrederizées, c'est des habits noirs et des monocles, c'est — pour que ces mots faits pour ne pas s'entendre disent tout ce que je veux — l'*impersonnalité de la distinction* en ce temps.

Et dans l'arène comme un symbole court et sûr des sales âmes qui regardent, pullule une génération spontanée de cloportes énormes et de porcs en miniature, et d'araignées grasses et velues qui tissent leur toile dans les cercles qu'a déchirés l'écuyère.. Tout ce monde affreux est épris d'elle, et parodie les nobles génuflexions et nos idéaux agenouillements devant le Sexe qu'elle feint de cacher pour le montrer mieux.

Le spectacle dure, dure, menace de n'en finir jamais plus en dépit du désir exaspéré qui tend cruellement la peau sur les muscles qui se dardent de toute une foule en rut. Et ces malheureux se lasseront de désirer — ou, s'ils ont encore un peu de sang dans les veines, termineront logiquement la comédie par une entre-tuerie générale autour de la Souveraine sans préférence — avant que sa majesté le Plaisir se lasse de varier ses poses et d'intoxiquer tous ses fols avec le parfum mouillé . . . . . , ...

. . . .

. . . .

. . . . . . pâmés.

II

Je crois, cette fantasmagorie, qu'elle caractérise assez nettement les tendances et les réalisations de l'art parisien tel qu'il est pratiqué par maint de nos bons faiseurs. — Comme je n'ai point de goût pour le personnage, si respectable soit-il, de moraliste, je constate sans juger et prétends me borner à étudier, dans l'œuvre d'un de ses plus enthousiastes artistes, cet Art du Plaisir.

Il est bien évident que, tel quel, c'est un thème où les plus belles facultés du monde se peuvent employer au chef-d'œuvre. On pourrait même, sans déployer trop de gênante érudition démontrer que, dans cette société brûlée par la fièvre de jouissance entretenant et exaltant la fièvre du gain, tel tempérament doit naître dont la fatale et l'irrésistible vocation soit de peindre ce double vice, fût-ce à la condition de l'exaspérer encore.

Félicien Champsaur est ce tempérament. Il est fermement convaincu qu'en littérature hors du stupre et du lucre, il n'y a point de salut. Il le dit dans la préface-manifeste dont il a étoilé l'edition définitive de son premier roman, *Dinah Samuel*, et où il expose la théorie du « modernisme ». Lisez :

« La femme en haut, sur un autel, c'est l'orgie des fins de civilisation, des Romes décadentes ; pour les peindre en des symphonies, — musiques des couleurs, des mots, de la pierre ou du fer, — l'artiste moderne a le clavier le plus étendu, le plus vibrant, auquel chaque siècle ajouta. L'amour et les affaires, cette note y domine ; *car la femme, l'argent, voilà le lied-motif ; tout le reste est variation sur ce double thème qui jamais ne s'achève.* »

C'est clair. Vous ou moi, si nous regardions en nous-mêmes et puis dans les étoiles, peut-être y trouverions-nous (oui, côté des vaincus, dit M. Champsaur) autre chose encore que la femme et l'argent, que « l'Amour » et les affaires, — et peut-être aussi protesterions-nous contre ce vocable « Amour » employé en ce sens un peu restreint de seul Plaisir physique. Mais continuons plutôt à lire dans la préface de ce roman typique : *Dinah Samuel.*

d'autre chose que d'or ou de baisers, — il faut convenir que Félicien Champsaur a raison et que l'œuvre à faire n'est point autre que : la notation au jour le jour des exploits des noceurs et des encaisseurs.

Et comme, au fond, ceux-ci ne sont ce qu'ils sont qu'afin de devenir ceux-là, Champsaur a raison encore de s'être réduit à la fonction de héraut moderne du Plaisir. D'autant que, très renseigné en toutes matières touchant de près ou de loin à cet art, il y apporte, outre l'appoint de l'expérience et de la passion personnelles, cette amertume moderne qui donne au breuvage dont nous aimons à nous saoûler l'esprit une saveur cruelle et nous promet la douleur que nous cherchons au fond de la jouissance même.

Il sait que, « le Sexe de la femme est une machine de guerre impudique et monstrueuse ». Il voit la mort et son sourire obscène au fond du baiser rose. Le Plaisir qu'il nous décrit, c'est une charmante bête féroce, confinant au sadisme jusque dans ses grâces. C'est le Roi sombre des honteuses imaginations. — N'est-ce pas le bourreau dont parle Beaudelaire, qui voyait les générations, avec le geste angoissé d'Oreste poursuivi par les Euménides, courir à leurs sanglants travaux d'amour, le bras levé et l'échine pliée :

> Sous le fouet du plaisir, ce bourreau sans merci?

III

Toute l'œuvre — déjà longue : une douzaine de volumes, et caractéristiques — de Félicien Champsaur varie sur ce thème unique et double, double apparemment, unique finalement, de l'Or et du Plaisir. Chroniqueur et critique, romancier, poète, homme de théâtre, il fut dès le premier jour et il est resté fidèle aux théories récemment déduites dans la préface déjà citée.

« L'amour et les affaires, l'amour et l'argent, comman-
dent le monde; ils sont les souverains maîtres de l'univers et s'y manifestent en despotes... L'argent est Roi; il
régit tout, les journaux comme le reste... L'argent est victorieux. Les poètes et les romanciers disent des aventu-
res de baisers; mais ils ne semblent pas voir, — dominant
la volupté et l'épouvante de tant d'êtres qui se cherchent,
se désirent, se séparent, meurent inassouvis, de ces bras
qui s'étreigneut, de ces jambes qui s'entrelacent, de tous
ces membres nus d'une pauvre humanité, sous le fluide
des sexes, torturée et couchée par la même passion, —
ils ne voient pas le Veau d'Or; ils n'entendent pas son
meuglement formidable. Pourtant le souffle de la vivante
et monstrueuse Idole passe comme un simoun; il enfièvre,
il brûle toutes ces chairs en efforts pour s'unir. »

C'est plus clair encore! — De son temps Villon, comme
la Bourse n'était pas encore-ouverte, se contentait de
dire :

Tout aux tavernes et aux filles!

et c'était un résultat qu'il constatait et que, non sans go-
guenardise, il anathématisait, — sans se croire empêché
par ce beau résultat de rimer un Chant Royal en l'honneur
de Notre-Dame. M. Champsaur, lui, ne saurait tolérer de
semblables digressions. Il ne permet point qu'on s'occupe
d'autre chose que du Plaisir et des Affaires : Penseur épris
de bonheur lyrique, éperdu de joie — au pas! au pas!
« *la bataille pour l'intérêt et pour le plaisir, voilà ce
qu'il faut décrire.* »

On touche, au fond de ce parti pris, qui, sans être volon-
taire, n'est pas une marque de faiblesse, le signe de l'unité
d'un tempérament et même, s'il faut convenir (peu importe
ici que je m'y refuse ou je m'y résigne) que l'Art soit
l'expression directe de la vie à l'heure où nous vivons, —
encore qu'on puisse noter, entre l'armée des banquiers et
l'armée des filles, un certain bataillon de vivants altérés

Ce touffu roman, frissonnante plainte dans la lutte, ironique apothéose de l'argent, et durable document, *Dinah Samuel*, les récits plus adroits intitulés : *Miss América, le Cœur*, le volume de vers : *Parisiennes*, — *Entrée de Clowns*, des nouvelles — et ce nouveau drame : *La Gomme*, — et aussi des volumes de vives chroniques, tels : *Le Massacre, le Cerveau de Paris*, — *le Défilé, Masques Modernes*, — mériteraient une sérieuse étude critique.

Il y aurait plaisir à calculer l'écart du but et de la volonté, à peser la valeur des moyens, à préciser les qualités du style, à trouver, en dernière analyse, la formule réduite de l'écrivain. Nous verrions peut-être qu'il n'a pu distinguer si net et si vite les deux termee adverses et pourtant confondus de la vie parisienne que parce qu'il est né loin d'elle, et qu'en somme, à ce Provençal naturalisé parisien par le talent et le goût, — plus Parisien sans doute ainsi que s'il fût né sur les bords du ruisseau de la rue du Bac, un premier étonnement ravi qui dure toujours sert de guide, de pierre de touche, de flambeau et, si j'ose risquer ce gros mot, de criterirm. L'atmosphère où il entrait, ce cercle passionné de Paris, était à la fois trop différent de ses habitudes et trop sympathique à ses appétits pour qu'il le méconnût. Habile, audacieux, léger de rêves qui l'eussent attardé, enfin très moderne, il s'est jeté dans la mêlée en se jurant de ne pas se laisser écraser. Il a lutté, souffert, il est en train de vaincre.

Il est pour les victorieux.

Peut-être aussi verrions-nous, au cours de l'étude foncière que je ne fais pas ici, que M. Champsaur est lui-même un personnage du roman tel qu'il le conçoit. Je ne parle point d'autobiographie, je ne cherche point les rapports de Patrice Montclar et de Félicien Champsaur : ce serait trop simple. Je veux dire que pour bien peindre des hommes modernes concevant le plaisir pour but de la vie et l'Or pour moyen, sans toutefois perdre, au long de leur

effort, de belles qualités d'esprit et de cœur, Champsaur a
pu regarder dans son âme autant qu'autour de lui.

IV

La part de son œuvre où il me semble avoir le mieu^x
réalisé cet Art du Plaisir qui est un des principaux aspect^s
de son Art, ce sont telles pages de ce livre : *l'Amant des
danseuses*, et surtout ses pantomimes : *les Bohémiens,
les Etoiles, les Ereintés de la Vie, Lulu*, et ce symbole :
Pierrot et sa Conscience.

C'est là qu'on peut le plus sûrement saisir la qualité de
ses moyens, étant donné qu'il était obligé, par l'unité affli-
geante du sujet, de les varier autant qu'il pouvait faire.

Car il faut bien avouer qu'il est terriblement limité, ce
sujet éternel des contes de Boccace, de Pogge le Florentin,
de la Reine de Navarre et de Champsaur, ce prétexte de
la sensation finale où nous mènent de longues prépara-
tions d'éréthisme.

. . . .

En moins cet intermède : *les Bohémiens,* à son sens,
c'est un des meilleurs livres de M. Champsaur, celui,
certes, où il a le plus extravasé jusqu'à la joie ce dilet-
tantisme du plaisir où, à la fin, il se confinerait trop. Je
crois même, ce conte de rire qu'il a, par quelques points,
poussé jusqu'à la plus noble tristesse :

> La cigale très·pâle est renversé sur un fauteuil, entourée de
> paysans ;
> Près de la cheminée où flambe un bon feu,
> Pierrot, à ses genoux, lui réchauffe les mains et la gante de
> baisers.
> Elle reprend des sens, étonnée, ravie de vivre ;
> Elle veut danser et le charmer encore : mais elle est trop
> faible ; c'est un « balloné d'agonie ».
> Un des bohémiens laissés dehors entre pour avoir de ses
> nouvelles,
> En une rafale de neige.

Tout à coup Djina s'arrête.

Un dernier baiser qu'elle envoie à son ami Pierrot, qu'étreint et retient la vieille maman, est interrompu.

Un suprême sourire se fige sur sa bouche morte. »

V

Et volent, avec les tutus, les ballons de danseuses, les gais frelons de la chanson du moulin. N'est-ce pas le dernier son de cette comédie parisienne qui prend à la comédie humaine un accent d'éternité ?

, N'est-ce pas le dernier son de l'humaine chanson sans Dieu de la diabolique humaine et, quoi qu'il en soit, charmante chanson de nos désirs de nos folies ? Champsaur en a noté le refrain avec une adresse unique.

Il ne sera pas oublié.

Plus qu'un autre — il est l'artiste parisien, l'homme de ce temps, chroniquer toujours et poète quand même, le représentant d'une société impassible, l'élégant virtuose d'un art imprévu, plastique et religieux jusque dans ses blasphèmes, le romancier épris de la modernité triomphant aux splendeurs épileptiques du ballet apothéosant la fête du désir. Plus qu'un autre enfin, Champsaur est l'artiste sur qui nous pouvons compter pour déblayer le chemin qui nous mènerait au triomphe d'un art libre, spirituel dans le grand sens, et qui emprunterait à la danse, à la mimique, au chant, et à toutes les ambitions de la comédie leurs adresses pour la réalisation d'une fête plénière de la beauté. »

Le DIRECTEUR-Gérant : *GEORGES VANOR.*
11. rue Faraday.

VOYAGES D'EXCURSION

Avec itinéraires tracés d'avance, au gré des voyageurs.

La Compagnie des Chemins de fer de l'Est délivre pendant toute l'année, des billets à prix réduits de 1re, 2e ou 3e classe pour des voyages d'excursion sur les réseaux de l'Est, de l'Etat, du Midi, du Nord, d'Orléans, de l'Ouest et de Paris à Lyon et à la Méditerranée avec itinéraires tracés d'avance au gré des voyageurs et pouvant comprendre les lignes d'un seul ou de plusieurs des réseaux participants.

Les itinéraires sont établis par les voyageurs eux-mêmes mais de manière toutefois à les ramener à leur point de départ.

Les billets peuvent être individuels ou collectifs.

Le minimum du parcours est de 300 kilomètres.

CHEZ DIVERS ÉDITEURS

Paul ADAM. — *La Glèbe.*
—   —   — *Etre.*
—   —   — *Essence de Soleil.*
Jean AJALBERT. — *Sur les Talus.*
Maurice BARRÈS. — *Sous l'Œil des Barbares.*
—   —   — *Un Homme libre.*
Edouard DUJARDIN. — *Les Lauriers sont coupés.*
—   —   — *Pour la Vierge du Roc Ardent.*
Félix FÉNÉON. — *Les Impressionnistes.*
Gustave KAHN. — *Les Palais Nomades.*
Jules LAFORGUE. — *Œuv·e.*
Stéphane MALLARMÉ. — *Œuvres.*
Stuart MERRILL. — *Les Gammes.*
Jean MORÉAS. — *Les Cantilènes.*
Francis POICTEVIN. — *Songes.*
—   —   — *Nouveaux Songes.*
Henri de RÉGNIER. — *Episodes.*
—   —   — *Poèmes   Anciens   et   Roma-*
nesques.
Adolphe RETTÉ. — *Cloches en la nuit.*
J.-H. ROSNY. — *Le Termite.*
Albert SAINT-PAUL. — *Scènes de Bal.*
Jean THOREL. — *La Complainte humaine.*
Georges VANOR. — *Les Paradis.*
—   —   — *L'Art Symboliste.*
Paul VERLAINE. — *Œuvres.*
Francis VIÉLÉ-GRIFFIN. — *Les Cygnes.*
—   —   — *Ancœus*
—   —   — *Joies.*
F. de WYZEWA. — *Notes sur Mallarmé.*